어머니의 강

지성 · 감성의 메타언어
조선문학시인선 · 708

어머니의 강

김 미 화 시집

조선문학사

■ 책머리에

요람에서 나온 아기가 이제 걸음마하기 시작합니다
부끄러움 무릅쓰고 두 번째 시집을 내면서
아 인간의 욕심은 끝이 없구나
하는 생각을 합니다

제에게 형이상시법은 생소하고 어려웠습니다
올 한 해 박 교수님께 열심히 배웠습니다
잘 쓰지는 못하였어도 두 번째 시집을 내니
마음 뿌듯합니다
열심히 배우고 열심히 써보겠습니다

2020년 初冬

김미화

어머니의 강 차례

책머리에 / 5

제1부
어머니의 강

못난 짓 / 11
어머니의 강 / 12
닮은꼴 / 14
솟대의 업 / 16
솟대와 바람개비 / 18
친정엄마 / 19
부부 / 20
짝사랑·1 / 21
짝사랑·2 / 22
짝사랑·3 / 23
짝사랑·4 / 24
세월 / 25
콩이 생각·1 / 26
콩이 생각·2 / 28
우리 콩이 / 30

제2부
정과 장

정과 장 / 33

그릇 / 34
해우소 가는 길 / 35
앞서간들 / 36
오만 / 37
마당 / 38
미로 같은 지하철 / 39
민둥산 억새 / 40
달·1 / 41
달·2 / 42
달의 전설 / 44
단풍잎 / 46
봄을 기다리며 / 47
코스모스 / 48
할미꽃 / 49

제3부
오 해

오해 / 53
설중매 / 54
고성산불·1 / 55
고성산불·2 / 56
장마 / 57
7월 / 58
풍요와 빈곤 / 59
첫눈 / 60
가을밤 / 61
그늘 / 62
두견화 / 63

가을을 보내며 / 64
고드름 / 65
겨울은 / 66
미세먼지 / 68
잃어버린 것·1 / 69
잃어버린 것·2 / 70
잃어버린 것·3 / 72
어제 오늘 내일 / 73
어둠의 자식 / 74
밤비 / 75
상사화 / 76
바람이 흔든 것 / 77
반달 / 78
봄밤 / 79
봄비 / 80
석양 / 81
도끼쟁이 새싹 / 82
그날 / 83
커피와 삶이 닮은 것 / 84
외로운 섬 / 85
양면 / 86
아이러니 / 87
엄마 생각 / 88

제4부
시집평설

형이상시법, 스스로의 시에 실천 돋보여_박진환 / 90

제1부
어머니의 강

못난 짓
– 부모님

우는 것은 못난 거라 했다
하지만
늙은 부모님만 보면
늘상 가슴은 운다
눈치 없이 눈자위 빨개지는 게 싫어
목을 끔끔 거려보지만

못났다
좀 더 빨리 부모님 얼굴을
보았어야 했는데
자식사랑은 그대로인데
세월은 그렇지 않다는 것을
알았어야 했는데

어머니의 강

천년이고
만년이고
마르지 않는 강이 있습니다

강을 헤엄쳐
강가에 서면
마를 줄 알았습니다

오십이 넘고
육십이 지나
내 가슴에도
강이 흐르는 줄 알았을 때
범람하는
어머니의 강을 보았습니다

자식들 걱정에
시퍼렇게 멍든 파도로 부서져
더 큰 강물이 되어
바다로 갑니다

바닷물이 눈물처럼 짠 까닭을 알듯합니다

어머니의 가슴에는
바다처럼 파랗고 짜디짠
눈물의 강이 흐르고 있습니다

닮은꼴
- 어머니와 낙엽

단풍이 붉고 아름다웠던 건
잠깐이었습니다
어느새
바싹 말라 바스러지는 낙엽이 되었습니다

여기저기 구멍이 난 낙엽은
흡사
골다공증 걸린 어머니 육신 같습니다

연옥같이 뜨거운 여름보다
치열하게 사셨던 어머니
가진 것 모두 주시고
단풍 되셨던 어머니는
끝내 낙엽이 되었습니다

모양새가 볼품없어진 낙엽은
제 몸이 부서지는 줄 알면서도
작은 씨앗을 품고 흙으로 돌아갑니다

어머니와 낙엽은
닮은꼴의 삶을 사는 것 같습니다
다 내어주고도
아까운 줄 모르는 바보 같습니다

솟대의 업

후줄근한 한낮
솟대가 한 뼘씩 커질 때마다
기다림이라는
등짐을 맨
내 목도 한자씩 늘어난다

무엇을 기다리는지도 모르는 채
무심한 바람과 농을 나누다 보면
솟대만 자라고 있다

땡볕에 버티고 선 솟대를
큰 나무 밑으로 옮겨주어
내 그리움을 쉬게 하고 싶다

바람이 오면
바람이 되고
어둠이 오면
까맣게 어둠으로 서 있을 뿐이다

자식일 적엔
내 부모가 솟대인 줄 몰랐다
이제
솟대의 업을 가진 부모가 되어
그리워하며 기다릴 뿐이다

솟대와 바람개비

넓디넓은 세상
혼자인 게 싫어
나무토막 깎아 솟대 만들었지
부리도 만들고
날개도 만들어 큰길 보이는 곳에 꽂아두었더니
눈이 없는 솟대 기다림만 남았지

수수깡에 색종이 붙여
바람개비 하나 만들었지
바람 타고 놀라고
솟대 옆에 꽂아두었더니
바람은 타지 못하고
제 몸뚱이만 돌리고 있지

그러다가
솟대와 바람개비 지쳐 널브러졌는지
고장난 대문만 애닯게 덜컹거렸지

친정엄마

시집간 큰딸이
첫아이 낳는다는 소식에
고쟁이 속 주머니 열어
먼 거리 택시 타고 오신 친정엄마

그리 왔다고 타박하는 딸에게
인삼 달인 물 내밀며
이거 먹고 손주 젖먹이면
아이가 건강하다는 얘기 들었다고

시어머니 앞에
조심스레 내미는 소나무껍질 같은 손등이 부끄러워
빨리 가시라고 재촉하던 내가
엄마 그 나이 되고 보니
추적추적 내리는 가을비에 가슴 시리다

부부

바람에 깎인 바위 먼지 되고
강물에 깎인 바위 모래 된다

천년의 담금질도 견뎌낼 듯했는데
세월 앞에 부서져 흩어진다

변하지 않을 거라던
사랑의 다짐은
세파에 깎여 가고

같은 듯 다른 얼굴
오래된 장맛을 가진 정이 쌓여

하늘과 땅처럼
서로 마주 보고 있다

짝사랑 · 1

사람들의 발길에
닳고 닳아
반질거리는 산길을 걸어
산꼭대기에 서면
하늘이 가까울 줄 알았는데
하늘은
저만치 물러서 더 높이 있다

당신 생각에
닳고 닳은
반질거리는 가슴 끝에는
당신이 있을 것 같았는데
빗장 지른 대문 옆에
쭈그리고 앉은
나만 있다

짝사랑 · 2

당신은 날 보며
잡초라고 무심히 밟고 지나가십니다

당신의 발자국이
낙인이 되었습니다

같은 곳에
꽃과 잡초로 피어
나는 당신의 뒷모습만
당신은
꽃만 바라봅니다

짝사랑 · 3

천리일까
만리일까
당신 마음

흔한 공기처럼
들이쉬다가 내뿜으며
손사래 치며 돌아선 당신 마음

마당 한구석
돌멩이처럼 당신 곁에서
보이지 않는 숨소리
나의 마음

짝사랑 · 4

꽃은 나보다 비를 더 사랑하나 보다

날 보면 환하게 웃지만

비의 무게만큼 사랑이 영근 꽃은
수줍게 고개 떨구고 있다

세월

하
그놈 참 빠르다

빠른 게 얌체여서인가 보네
제 짐 내 등에 하나씩 업혀주면
너는 가벼워
나는 무거워

나 하나밖에 모르던 열댓 살 무렵
가라고 보채도 안 가던 놈이
흐르는 세월에 돛단 듯 가네

가지고 있던 근심 내게 주고
홀로 훌훌 가버리면
힘 빠진 나는 따라가질 못하거니

요놈
정녕
같이 갈 수는 없는지

콩이 생각 · 1

세상에 나온 지 사십 일이 지났다
갑자기 이상한 사람들이 나타나
엄마 품에서 나를 강제로 떼어 놓았다
엄마는 체념한 듯 눈물 가득한 눈으로
불쌍하다는 듯 나를 쳐다보며 껵껵 울고 있었다
나는 어리둥절한 가운데서도 불길한 예감에
 온몸을 버둥거리며 그 사람의 손아귀에서 벗어나려
했지만 우악스러운 손에서 꼼짝도 할 수가 없었다
 누구의 차인지도 모르고 실려 이 펫 샵에 도착했다

아침저녁으로 내 수발을 드는 친절하고 살가운
언니가 있어 그나마 위안을 받으며 펫 샵에
적응하려고 애쓰던 중
인간들은 참으로 저밖에 모른다는 생각이 들었다
한심한 인간이든지 아니면 배려심이 부족하든지
둘 중에 하나다
펫 샵에 도착한 이후 플라스틱으로 된 아파트
한 채를 분양받아
그나마 나의 예쁨을 알아보는 사람이 있다고
흐뭇해했으나

아직은 한참 커야 할 시기여서인지
하루의 반 이상을 자는 나는
따뜻한 봄날 볕이 유리창을 통해 들어오자
나른하여 졸고 있었는데
갑자기 숨이 막혀왔다
먼지가 햇빛이 비치는 대로 둥둥 떠다닌다
환기가 잘 안 되는 플라스틱 아파트의 공기가
더워져서 숨이 막히는 것 같았다
여기 좀 봐달라고 낑낑거리며 눈을 맞추려
열심히 쳐다보니
매정한 아저씨는 "저놈 되게 시끄럽네" 하며
저쪽으로 들어가 나오지도 않고
살가운 언니는 "아이 귀여워 놀아달라고 하나봐"
하더니 제 할 일만 한다

이 사람들아
너희도 환풍기조차 설치되지 않은
플라스틱 아파트에서 한번 살아보고
나한테 분양했어야 할 거 아냐

한번 살아보라지
얼마나 심심하고 숨 막히는지
사료와 물만 주면 다냐?

콩이 생각 · 2

오동통한 아줌마가 나를 계속 쳐다본다
아마도 날 사가는 가격을 흥정 중인 거 같다
한참을 실랑이하고 애교 비슷하던 거까지 떨고선
핸드백에서 지갑을 꺼내 500,000원이라며
펫 샵 주인에게 건네준다

내 몸값이 500,000원이라니
비싼 건가 싼 건가?
우리 엄마는 억지로 나를 떼어 보내며 꺽꺽거리고
가슴을 때리며 울었는데
천금을 줘도 안 보낼 텐데
너무도 쉽게 흥정하고는 나를 내 몸 하나
들어갈 만한 조그만 상자에
먹던 사료 약간 넣어 아줌마한테 넘겨졌다
펫 샵에 있던 다른 강아지 친구들과 안녕하고는
아줌마 집으로 오면서 생각했다

저 사람들의 뇌 구조가 궁금하다
저 인간들의 몸값은 얼마나 될까?

입으로는 반려동물이라고 하면서 돈 주고 사다니
저 인간들의 배우자인 반려인들은 얼마나 주고
샀는지 궁금하다

저들은 준비가 됐는지 궁금하다
나는 아직 경제적으로도 정신적으로도
준비가 안 됐기에
반려 인간은 사양하고 싶은데
지금은 딱히 갈 데도 오라는 데도 없으니
저 인간들에게
잘 보여야 할 거 같아 꼬리를 열심히 진짜
열심히 흔든다

그런데 아이러니다
꼬리를 열심히 흔들다 보니 가족이 되었다

우리 콩이

먼지만 쌓인 빈 가슴에 바람이 인다
마른기침 쿨럭 거리며
머리가 지끈거리며
주르륵
흘러버린 눈물
어찌할 수 없는 혼자라는 외로움

손바닥 안에 콩이
사십여 일 어미와 살고 온 작은 강아지
지지리 말도 안 듣고
말썽만 부리는 콩이 눈에
큼지막한 슬픔이 있다

콩이 가슴에
마른바람 불지 않도록 따뜻하게 품어야겠다

제2부

정과 장

정과 장

장은 독에서 익고
정은 가슴에서 익고

장은 햇볕으로 익고
정은 세월로 익고

장은 묵으면 맛이라도 있지
정이 묵으면 질긴 밧줄이 되어
줄다리기는 꿈도 못 꾸고
끌려가고 말지

호환마마보다 더 무서운 정 때문에
가슴에 눈물의 공동묘지가 생겼지

그릇

큰 그릇이든
작은 그릇이든
물을 담으면 물잔
술을 담으면 술잔

누구나 가지고 있는 몸뚱어리
좋은 일에 쓰면 봉사
나쁜 일에 쓰면 범죄

선과 악이 등대고 사는 몸
마음에 기둥 세우고 큰 그릇으로 살고 싶다

해우소 가는 길

가까운 줄 알았는데
멀기만 하다

내려놓자
다시 움켜쥐는 욕심에

해우소 앞에서
발만
들었다 놨다

앞서간들

때로는 느리게
때로는 빠르게

숨 가쁘게 달리고 달려 도착하니
앞서가던 너도
가까이에 있더구나

너는 붉은 잎
나는 파랑 잎
가을이란 액자에 나란히 있더구나

누가 잘났는지
누가 못났는지
누구의 잣대로 가늠하겠더냐

광활한 우주
티끌 같은 존재인데

오만
- 개구리 올챙이 때 생각 못 한다

나무가 작을 땐
뿌리와 사이가 좋았다
어울려 살아야 같이 사는 줄 알았다

쑥쑥 커서 하늘과 가까워지니
저 혼자 큰 것처럼
넓고 높은 하늘만 바라봤다

긴 가뭄 끝
뿌리와 멀리 떨어진
몸부터 말라비틀어졌다
그제야
뿌리가 생각났다

마당
- 혼자이고 싶은데

빗속에 혼자이고 싶은 마당

마른 잔디가 숨을 쉬고
땅속 뿌리를 깨우는 빗방울

마당은 혼자가 되고 싶은데
비가 오니
바빠진 나무와 꽃들이 어우러져 정원이 된다

비가 오고
꽃이 피고
새들이 날아오는 멋진 정원이 되었지만

마당은 혼자이고 싶다

미로 같은 지하철

지하철이 익숙지 않은 시골 아줌마

방망이로 머리 맞고
쏙 들어갔다가
다른 구멍으로 나오는 오락기 두더지처럼

이 승차장에 얼굴 빼꼼
아니야
도도도...
짧은 다리로 미로 속을 뛰어다닌다

민둥산 억새

선전포고도 없이
들이닥치는 동장군에 맞서
마지막 전쟁을 치를 준비를 끝낸
민둥산 억새는

뒤에 따스한 햇볕을 방어선으로 두르고
은빛 갑옷과 창으로
민둥산 자락을 지켰으나
하룻밤 사이
태양이 겨울로 투항해 버렸다

쓰디쓴 패잔병이 된 억새는
허연 머리 풀고
민둥산을 떠도는
영혼이 되었다

달·1

초승달 입 꼬리가 올라가
웃는 모습
시집간 누이 입매 닮았네

분내 나던 누이와 마주 앉은 듯
그리움이 달빛으로 다가오고

연지곤지 찍고
시집간 누이야

달빛 타고
다녀가 주지 않으련

달·2

천 년 전
이백이 가서 사는 달이나
지금
내가 보고 있는 달이나

어둠을 뚫고 내려다보는
같은 달이니

시 한 수 적어 보내면
달에서 유유자적하던 이백도
내게
시 한 수 가르쳐 주겠지

세월의 강가에 낚싯대 걸어
어망에 시 한 편씩 가두고
달이 담긴 술잔을 부딪치다
달빛이 넘쳐흐르면
이백이 보던 세상 볼 수 있겠지

침묵의 지혜를 가진
달을 보며
말없이 있어도
서로를 느낄 수 있는
가슴에 뜨는 달을 볼 수 있겠지

달의 전설

태초의 달은 옥토끼에게
슬픔, 분노, 의심을
절구에 찧어
창조의 씨앗과 함께
계수나무 옆에 심게 했다

나무는 자라
희망, 기쁨, 믿음이 열렸다

달은
달을 보고 한숨짓는 사람들에게
희망의 씨앗을 보내 심게 했고
싹이 트고 커가는
기쁨을 알게 했다

기쁨으로 서로 손잡고 눈을 마주치니
믿음의 뿌리가
굳어가는 땅의 심장에 뿌리 했다

사람들은 달을 보며
소원을 빌게 됐고
땅의 어디에선가
태초의 달에서 살던
옥토끼와 계수나무가
살고 있다는 전해 내려오는 이야기를
달의 전설이라 했다

단풍잎

초록이던 잎이 빨개진 건
이유가 있다네요
그새
아기를 품었다네요
부끄러워 얼굴 붉혔다네요

여름내 햇볕과 연애하다
그리되었다네요

초록이던 엄마 잎이
노래진 건
자식 키우는 고단함을 알기에
그리되었다네요

단풍잎 모녀 입씨름에
화난 가을 산이
울그락 붉으락 한다네요

봄을 기다리며

아침과 저녁을 저울질하던
태양이 눈금 읽다 충혈됐는지
눈자위가 붉다

가을의 끝자락을 버티던 햇살이
마른기침으로 객혈하고
겨울로 갔나 보다
산천이 빨개졌다

저울질도 할 수 없는
내 그리움에 가을이 오고
단풍이 들면
작은 씨앗 하나 심어
봄을 기다리며
살아야겠다

코스모스

가을 문턱에서
쪽빛 하늘을 받치기엔
네 어깨가 가냘프구나

가을볕에 살이 찐 바람은
너를 흔들고 왔다 갔다 하지만
너는 꺾여질 듯 휘었다가
제자리로 돌아와
가을 속에 해맑은 소녀의 얼굴로
가을하늘 이고 있다

날 선 바람에
네 목이 꺾이지 않게
너를 안아 주고 싶다

할미꽃

봄이 올까
궁금해 바깥을 엿보다가

고개조차 들지 못하고
세상에 나선 할미꽃

영원할 것 같은 봄날은 가고
청춘도 가고

너는 흰머리 풀어
상모 돌리듯
바람에 춤을 추고

제3부
오 해

오해

초승달과 그믐달은
둥근 가락지 였는데

어느 날
무엇 때문인가
서로의 가슴에 빗장을 지르고
건너다 볼 수 없는 이별을 했다

풀벌레 울음소리가
한 광주리씩
별로 가득 차는 밤이면
먹빛 하늘에
숨겨놓은 그리움 꺼내들고
들여다보았다

반으로 쪼개진 가락지 같은 달이
서로 보고 있는 것은
까맣게 몰랐다

설중매
- 바람의 색시

북풍은 어찌 알고 왔을까
하얀 눈 속에
붉은 심장이 요동치는 것을
눈꽃모자로 숨긴 향기를

겨울의 끄트머리
매향에 취한 바람과
화혼(華婚)으로 잉태한
병아리 같은 봄이
붉은 꽃잎을 밟고 오니

북풍의 숨결마저
따숩게 달군 홍매는
바람의 색시련가

고성산불 · 1
- 2019년 고성산불

산이 울고 있다

화마에 할퀸 산등성이는
피떡 되어 눈물을 흘린다

앓고 있는 산을
맥없이 바라보던 하늘이
구슬픈 비로 달래보지만
깊이 패인 상처엔 피 웅덩이를 만들었다

피 냄새 진동하는 언덕에
몸을 숨길 수 없는 고통에
산이 운다

고성산불 · 2
- 바람이 분다

망나니가 칼날을 번득이며 춤을 춘다
산은 가슴 옥죄는 생명들을 내놓는다
산의 가슴팍을 태워버린 날
허리가 잘리고
아랫도리가 썩어간다

바람이 분다
속죄하듯 날려준
괭이밥 민들레 씨앗들에
산이 서고 있다
피딱지 거름 삼아 걸음마 하는 산

한 걸음씩 나아가는 산

장마

하늘이 미쳤나 보다
50하고 4일째 내리붓고 있으니
속 타들어가는 민심은 안 보이는가

하늘은 속 터놓을 친구가 없나 보다
그 부아를 땅으로 쏟아붓는다
누가
하늘을 화나게 하였는가?
그칠 줄 모르고 내리는 비는
죽창처럼 내리꽂히고

생명수인 빗줄기가
인간의 욕심을 심판했듯이
자연은 넉넉한 듯 품을 내주다가도
어느 날은
차사보다 더 무섭다

2020년 장마는 그랬다

7월

유월이 챙기지 못하고 간 햇볕이
불의 눈이 되어 태풍처럼 몰아쳐 왔다

시름에 겨운 바람이 앓아눕고
신열처럼 끓어오르는
칠월의 대지는 열병지대가 되고
그림 같은 한여름
부챗살처럼 펼쳐진 초록 잎도 녹아내린 듯
더운 독기만 뿜어낸다

간절히 외치는
비 한 줄기
바람 한 점에
천당이 될 수도
지옥이 될 수도 있는 칠월

풍요와 빈곤

두둥실
떠오른 달이 밖으로 나오란다
달이 내어준 길 밟으며 걷는 산책길

이팝꽃 하얀 쌀밥처럼
밤하늘에 출렁이는데
큰 나무 허리가 휠 듯하다

바람 타고 퍼지는
배곯아 죽겠다는 소쩍새 울음
이팝나무 속 소쩍새련가

눈물 그렁그렁 달빛이
이팝 키운 오월을 흔드니

오월이 등 떠밀 듯 가버리고
제 한에 겨운 소쩍새만
가는 오월에 또 운다

첫눈

육십이 가까운 내 몸 어디엔가
나이 안 먹은 작은 내가 있나 보다

초겨울 눈 같지도 않은 첫눈이 내리니
어린 강생이처럼
폴폴 내리는 눈을 쫓아다닌다

첫눈은
첫사랑처럼 설레며
쌓였다가 녹아간다

가을밤

하나 재워놓으면
다른 하나가 울고
풀벌레 모두가 잠들 때까지
내 밤은 잠들 수 없겠다

은빛 달 배로 띄워 놓은 먹빛 하늘도
파도처럼 너울대며 부딪치는
마른 잎 소리에 잠들 수 없나 보다

요란스레 징징거리는 풀벌레야
태생이 나그네인 바람의 등짝에
가을 실어 보내도

가을밤 문풍지 떨리듯
외로움에 휘감겨
쉬이 잠들 수 없다

그늘
- 코로나19

금방 지나갈 듯 다가온
빨간 전염병 코로나19의 그늘 때문인지
방패삼아 쓴 마스크 때문인지
하늘 향해 뻐끔거리는 금붕어 같은 삶

스토커처럼 따라붙는 8월의 태양은
세상을 불지옥으로 만드는데
그림자도 찾아볼 수 없던 바람이 머문 곳

그곳엔
늙은 느티나무가 초록양산 펼쳐 들고
잎새들이 부챗살 되어
바람도 새도 지나가던 나그네에게도
부채질을 해주고 있다

쉬어가며 벗하며
얼마나 더 있어야
마음의 그늘이 지워질까

두견화

봄비가 젖무덤 풀어
칭얼대는 봄을 끌어안을 때

검은등뻐꾸기는
붉은머리오목눈이 둥지에 알 낳고
제 새끼 키우지 못하는 천형에
산이며 들 떠돌며
피 토하는 설움

뻐꾹 뻐꾹 뻐뻐꾹
토하는 울음마다
피 묻은 꽃잎으로 피어나는 두견화

가을을 보내며

가고 싶지 않은데
정말 가고 싶지 않은데
구멍 숭숭 뚫린 낙엽의
바스러지는 숨결 따라 가고 있다

땅에서 나고
땅으로 돌아가는 순환의 귀향
영혼마저 빠져 나가버린 늙은 잎을
장례 치루고 싶지 않았다

진한 블랙커피 같은
낙엽 타는 냄새는 가슴을 건드리고
그을린 시간 부스러기와 재만 남아
땅으로 돌아가는 길은

다음 세대에게
제 몸을 공양하고 있다

이제 남은 게 없다
오직 신만이 허락한
쉬어 가라는 쉼표가 찍혀 있을 뿐이다

고드름

뚜우뚝
뚝 뚝
이른 봄햇살 아래 고드름이 운다

거꾸로 살아내야 하는 고드름은
보이는 것이 하늘뿐이어서
예견된 이별을 준비하지 못했다

차가운 낯빛이 따뜻해진 태양에
지난 계절 잉태한 씨앗은
봄볕만큼 부풀었다

품고 기다려야 하는 것을
아는 겨울은
고드름의 눈물을
해산의 고통으로 흘려보낸다

가는 계절에서
인내하며 순응하는 삶을 산
어머니의 모습을 본다

겨울은

비우는 계절입니다
한 해 동안 쌓아놓은
욕심과
풍성했던 잎들과
초라해진 잎들을 보내고
삭풍 속에
인내를 배우는
계절입니다

겨울이 내어준
하얀 외투를 두른 채
꿈꾸는 계절입니다

모든 것을 비워낸
나무의 뿌리와 작은 씨앗에게
차가운 눈 밑으로
포근한 품을
내어주는 계절입니다

겨울은
비워야만
다시 채울 수 있다는 것을
알게 해주는 계절입니다

미세먼지

암상 가득한 하늘이 봄을 막는가

징검다리 고쳐 놓아도
봄이 올 줄 모르네

이웃인 듯 먼 중국에서 보낸 미세먼지
여기가
저희 땅 저희 하늘이 아닌 것을 모르는지

제 땅처럼 하늘을 몰수하고
풀어주질 않는다

잃어버린 것 · 1

나루터에는 배가 없다
느림에 길들여진 사공은
등 굽은 물고기가
하늘 향해 뻐끔거리는 것이
보기 싫었다

집에는 사람이 없다
삼대가 살던 곳
거칠어진 마루에는
먼지만 쌓여있디

하늘에는 별이 없다
자동차가
사람이
별과자를 너무 좋아한다

하나씩
잃어가며
이 시대 꿈마저 잃어간다

잃어버린 것 · 2

쉿
들어봐
어둠이 속살거리는 소리를
새까만 속에 무엇을 감추었는지
문풍지 너머
시린 달과
삭풍이 조잘대는 소리를

눈을 감아봐
그들의 속삭임을 들으며
밤이 물러나고 있어
까만 어둠은
빛을 품고 기다리고 있었어
삭풍은
따스한 봄바람을 품었고
등이 시린 달은
그들이 갈 길을 비춰주지

나는 창호지 문 너머
세상을 다 들을 수 있었어

쉿
들어봐
우리가 얼마나 많은 것을
유리벽과 바꿨는지

바람이 전하는 소식을 들을 수 없잖아
문풍지가 제 몸을 떨며 내는
음률을 들을 수 없잖아

수다쟁이 소식꾼과
우리가 되는 법을
잃어버렸잖아

잃어버린 것 · 3

시커먼 동굴에서
박쥐는 밤을 기다린다
어두운 밤 올빼미는
박쥐가 날기만 기다린다

올빼미는
박쥐를 잡아 새끼를 키우는데
그래도 박쥐는 새끼를 낳는다
자연의 섭리대로

밤을 대낮처럼 밝힌 인간에게
밤을 빼앗긴
올빼미와 박쥐는
새끼를 계속 낳는데 줄어든다

남극에 빙하가 녹아버리듯
줄어간다

어제 오늘 내일

오늘은 어제의 내일이었지요
내일은 또 다른 오늘이 되겠지요
내 삶은 어제 오늘 내일로 쳇바퀴 돕니다
지구가 자전하듯

지구라는 둥근 별에서 우리는
만남을 이야기하고
이별도 이야기합니만
등 돌리고 헤어져 제 갈길 가다보면
같은 곳을 향하여 걷고 있겠지요
동그라미는 다시 만나니까

특별할 거 없는 일상에서
오늘이 어제가 되고
내일이 오늘이 되는

어둠의 자식
- 태양

가쁜 숨을 참고 달려온
태양의 벌건 심장 소리가
전율로 다가오는 새벽

칠흑 같은 밤은
바다도 산도 없다
오직 어둠만이 있을 뿐

어둠의 끝에선 태양은
자신의 태생이 의심스럽다

밝고 뜨거워
어둡고 차가운 어둠이
자신의 아비인 것이

어둠에서 나온 밝음
태양은 어둠의 자식

밤비

굳이
비가 밤에 내리는 까닭은
눈이 아파서 일게다

봄이 늙어 초여름으로 접어드니
노안에 낀 눈곱을
떼어 버리려 그럴게다

그런데
어쩌나
밤새 씻어낸 하늘의 맑은 눈이
자동차 매연과
인간들이 내뿜는 독소에
따가워지는 것을

밤비로 씻어낸 하늘에
다시 덕지덕지 눈곱이 낀다

상사화

땡볕에 달궈진 바람은
사랑병을 앓고 있는데

여치란 놈
가을이 오는 것을 어찌 알고
마중했을까

오고 가는 계절의 교차로에
상사화 붉게 피었건만

여름과 가을이 만날 수 없듯
잎과 꽃이 만날 수 없는 상사화

하늘이 내린
견우와 직녀보다 더 큰 형벌에
가슴에 피멍 들어 붉은 울음으로 피었다

바람이 흔든 것

무덤 같은 정적이 싫어
대숲에
바람 한 줌 풀어 놓았더니

댓잎을 방울처럼
흔드는 바람소리에
가슴의 둑이 무너지고
무안해진 그리움은
대숲에 숨어버렸다

갈대 잎 물결치듯
대숲이 일렁이면
나도 모르게
바람 따라가
내 그리움을 보고 있다

한 줌 바람에
흔들려 버린 가슴을 보고 있다

반달

한 짝은
어디 두고 나오셨을까
온몸이어도
외로운 겨울밤

포슬포슬 벗겨지는
군고구마의 더운 숨으로
정이
깊어지는 밤

하늘은
회색으로 낮아져
별도 걸어둘 수 없는데
핏기 없이
창백한 낯빛으로
짝 없이 나와
왜
이 밤을 더 춥고 시리게 하는가

봄밤

분꽃 향 야실거리는 봄밤
연못에 길게 누운 달그림자
꽃 향에 취해
밤 깊은 줄 모르고

춘심 동한 수캐구리
총각 신세 면하게 해달라고
밤새 읍소하다
달그림자에 반해
연못으로
뛰어드는 소리에
놀라서
하늘로 달아난 둥근달

※ 분꽃나무 : 꼭두서니목 인동과 낙엽관목.

봄비

봄비가
소곤거리며 쉬어가란다

언 땅을 비집고 올라온 새싹들에
새끼 배 채워주기 바쁜 어미에게
부지런해진 태양에게
흙먼지 풀풀 날리던 대지에
한숨 돌리고 쉬어가란다

알몸으로 세상에 나와
한 줌 흙으로 돌아가는 인생살이
쉬어가도 그 길 다 가지 않겠느냐며

슬며시 눈짓하며
내리는 봄비를
멍하니 바라보고 있다

석양

거나하게 낮술을 한 잔 걸쳤는지
붉어진 하늘이
깔딱고갤 넘어가기 싫은지 걸터앉았다

도끼쟁이 새싹

꽁꽁 언 땅을
겁도 없이 도끼로 찍어내는 새싹들
보기엔
연둣빛 버들강아지같이 순하디순한데
도끼질하는 힘은
드잡이하는 여편네 같네

그날

눈부시도록 아름다운 어느 봄날

당신의 미소가
잔잔한 파도에서 격랑으로 번지던 어느 봄날

당신은 내게 왔습니다
새털보다
더 가벼운 걸음으로
분홍신 꽃 발자국 찍으며

커피와 삶이 닮은 것

커피는
끓은 물이 부어지는 속도와 양에 따라
맛과 향이 달라진다지

삶도 그와 같아서
완급에 따라
풍기는 향도 달라질 거야

외로운 섬

발끝만 디밀 뿐
올라오지 않는 바닷물

바람도 왔다
무심히 가버리고

아무도 없는 섬
각질처럼 외로움이
켜켜이 쌓인 섬

양면

하루하루
내딛는 삶이
하루하루
죽음 향해 가고

열심히
너무나도 열심히 사는
아니 죽어가는

어둠과 밝음이 그러하듯
삶과 죽음은
서로 등을 맞댄
동전의 양면 같은 것

아이러니

사는 것과 죽는 것보다
더 큰 문제는 없다면서
세월을 줄넘기하며
우리는 숫자를 세고 있다

두려운 게 많아지는데도
한 발짝씩 가고 있다
죽음 앞으로

엄마 생각

태풍이 온다는데
밤새 비가 내리는데
그치지 않는
풀벌레 울음소리는

내 새끼 걱정하느라
조막만 해진
울 엄니 가슴팍 같다

가을비는 가슴을 밟고 오고
엄마 생각은 눈물과 같이 온다

가슴 밟고 온 가을비에
젖어버린 낙엽처럼

제4부

시집평설

■ 시집평설

형이상시법, 스스로의 시에 실천 돋보여

박진환
(시인·문학평론가)

1. 전제

 어느 시대에도 그랬었지만 시는 그 시대가 요구하는 것을 담아내고자 하는 용기(容器)를 자청하면서 시법에 충실해 왔다. 19C에는 동경의 시학을 담아내고자 충실했고, 20C에는 회화로서의 시미학을 담아내기 위해 주어진 시대의 시법에 충실했었다.
 21C라고 다르겠는가. 현대시의 지평을 제3유형의 시로 제시하면서 가장 시다운 시, 시 중에서도 최상의 시로 형이상시를 제시하면서 그 시법에의 충실을 담아내고자 했던 미 시카고학파들의 신시학 시법도 예외일 수는 없다.

신비평 이론에서 제기한 신시학 시법은 17C 형이상시의 시법으로 형상화된 시이기를 희망했고, 그러한 시로 랜섬은 제3유형의 시를 제시했다. 제3유형의 시는 19C적 낭만주의 시가 드러냈던 관념과 정서 일변도의 시법에서, 그리고 20C적 이미지즘의 사물시만도 아닌, 두 시의 장점만을 결합시켜 두 시의 편향성을 극복, 합일시킴으로써 새로운 시이기를 희망하는 데서 출발한 시다.

이렇게 해서 출발시킨 시를 랜섬은 제3유형의 시라고 명명했고, 이는 17C 형이상시에서 구사된 시법들을 재현함으로써 최고의 시가 되기를 희망했다고 할 수 있다.

제3유형의 시가 형이상시법을 중시했다는 것은 지금까지 여러 시대를 거쳐 오면서 생명할 수 있는 시의 생명력을 형이상시에서 발견했기 때문이었다. 소멸되지 않는 생명력으로서의 형이상시법을 일일이 다 제시할 수는 없지만 그 대표적인 것만을 제시하면 첫째 컨시트의 미학이었다는데 귀결될 것으로 본다. 그리고 컨시트에 의해 착상된 시의 형상화는 양극화에 의해 대립과 반목의 상충·상반의 요소를 교묘히 결합시켜 갈등과 긴장을 해소함으로써 체험할 수 있는 카타르시스에 기여하는 양극화가 그 두 번째가 아닐까 싶다. 그리고 순간에서 순간으로 이동되는 재빠른 전환이 일으키는 시적 광채로서의 지적조작을 그 세 번째로, 언

어와 언어를 농하는 언술의 마술적 효용인 pun을 그 네 번째로 제시할 수 있을 것으로 본다.

이러한 시법으로서의 레토릭에 의해 형이상시는 씌어졌고, 이렇게 해서 형상화된 시는 어느 시대의 시에서도 발견될 수 없었던 최고의 시라는 형이상시의 조건 충족에 기여함으로써 시의 지평이 될 수 있다고 믿었던 데서 신비평 이론가들은 제3유형의 시를 제시했던 것으로 보아줄 수 있다.

17C에 대두 몇 세기를 지나오면서도 그 존재가치가 인정돼 재조명을 통해 최고의 시면 다 형이상시라고 명명될 만큼 형이상시법은 현대시의 대표적 시법으로 제시될 수 있게 된 셈이다.

김미화 시인은 형이상시법에 관심, 자신의 시를 형이상시법에서 출발시킨 시인이다. 그의 시력이 형이상시법을 마스터했다고 보아주기엔 이르고, 또 시법의 실제화에도 아직은 미숙한 점이 없지 않지만 이번에 두 번째로 엮어내는 시집『어머니의 강』은 여기저기 시의 행간에 형이상시법의 여러 레토릭들이 구사되고 있고, 또 스스로의 시에 실천하고 있다고 믿어져 조명의 단서를 형이상시의 시법에서 찾고자 했음을 밝혀둔다.

3부에 나누어 70여 편의 시를 수록하고 있는 시집『어머니의 강』은 두드러진 몇 개의 시법을 원용, 시를 출발시켰음을 읽게 해주고 있다. 그중 가장 두드러진 것이 양극화시법이다. 그런가 하면 지적조작으로서의 위트의 활용, 기발한 착상으로서의 컨시트 등은 이를 시로써 말해주고 있다고 하겠는데 시를 제시, 구체화했을 때 이해를 도울 것으로 보고 제시해 본다.

2. 형이상시법의 구사

김미화 시인의 두 번째 시집 『어머니의 강』은 여러 시법들이 구사되고 있다. 그중에서도 두드러진 것은 시인이 관심을 가지고 자신의 시에 실천하고자 작심한 데서 시를 출발시킨 형이상시법이 아닌가 싶다. 그것은 시집에 구사된 양극화·지적조작·컨시트 등이 대표적 시법으로 제시되고 있기 때문이다. 이들 구사된 시법으로 시를 조명했을 때 『어머니의 강』은 참모습을 드러내 줄 것으로 보고 시를 제시, 구체화해 본다.

2-1 양극화의 시편

양극화는 형이상시인들이 그중 즐겨 썼던 시법의 하나다.

서로 상반·상충되는 두 이미지를 치환으로 이동하거나 관념으로 재구성 이미지로 병치시킴으로써 부조화의 조화를 노출했다가 이들 상반·상충의 이미지를 교묘히 시적 질서로 결합시킴으로써 상반의 균형을 획득한다. 이른바 아이러니를 성립시켜 양극의 두 요소를 혼융, 상반·상충을 화해시킴으로써 카타르시스를 체험하게 하는 시법이 양극화다.

시집 『어머니의 강』을 대표하는 시법으로 양극화를 제시할 수 있을 것으로 보고 예시해 본다.

하루하루
내딛는 삶이
하루하루
죽음 향해 가고

열심히
너무나도 열심히 사는
아니 죽어가는

어둠과 밝음이 그러하듯
삶과 죽음은

서로 등을 맞댄

동전의 양면 같은 것

 예시는 「양면」의 전문이다. 시 1연에서 '하루하루/내딛는 삶'과 '하루하루/죽음 향해 가는'이 드러내고 있는 삶을 향한 돌진이 죽음으로 향하는 행보가 되는 상반·상충의 요소는 양극화다. 그런가 하면 2연에서 '너무나도 열심히 사는/아니 죽어가는'도 양극화다. 두 양극화를 시인은 종연에서 '서로 등을 맞댄/동전의 양면 같은 것'으로 합일시킨다.

 앞에서도 언급했듯이 양극화는 서로 이질적 두 요소를 병치, 팽팽한 긴장을 고조시켰다가 두 요소를 새로운 시적 질서로 합일시켜줌으로써 갈등과 대립을 해소, 카타르시스를 체험하게 해주는, 시적 효용에 기여하는 일종의 레토릭으로서 형이상시인들의 전매특허품의 하나였다는 사실은 기지의 사실이다.

 예시에서 제시하고 있는 상반·상충의 요소는 '삶'과 '죽음'이다. 삶과 죽음은 인간이 논할 수 있는 거대 담론이다. 일찍이 공자가 삶도 모르면서 어찌 죽음을 논하겠는가 라며 미지생언지사(未知生焉知死)라고 말했던 것도 이런 소이에서다.

이러한 거대 담론을 시인은 하루하루 살아가는 삶을 달리 보면 하루하루 죽음을 향해가는 것으로 풀이하고 있다. 풀이야 어쨌건 두 상반의 요소를 병치, 삶과 죽음을 양극으로 제시함으로써 거대 담론의 명제를 되짚어 보게 하는 것이 이 시가 노리는 것이기도 하다.

되짚어 보면 삶이란 한편으론 열심히 살아가는 것이 되고 반대로 열심히 죽어가는 것이 되기도 한다. 둘 다 맞기도 하고 틀리기도 하면서 긍정과 부정이 따로따로가 아닌 합일로 귀결된다. 시의 종연 '어둠'과 '밝음'이 그러하듯 삶과 죽음도 '서로 등을 맞댄/동전의 양면 같은 것'이 삶이고 죽음이기 때문이다.

이러한 양극화는 예시 말고도 여러 시편에서 제시되고 있다.

> 빠른 게 얌체여서인가 보네
> 제 짐 내 등에 하나씩 얹어주면
> 너는 가벼워
> 나는 무거워
>
> 나 하나밖에 모르던 열댓 살 무렵
> 가라고 보채도 안 가던 놈이

흐르는 세월에 돛단 듯 가네
　　　　　　　-「세월」의 일부

가까운 줄 알았는데
멀기만 하다
　　　　　　　-「해우소 가는 길」첫연

때로는 느리게
때로는 빠르게

(중략)

누가 잘났는지
누가 못났는지
누구의 잣대로 가늠하겠더냐
　　　　　　　-「앞서간들」1연과 4연

특별할 거 없는 일상에서
오늘이 어제가 되고
내일이 오늘이 되는
　　　　　　　-「어제 오늘 내일」종연

어둠에서 나온 밝음
태양은 어둠의 자식

- 「어둠의 자식」 종연

　여러 시편의 예시에서 볼 수 있듯이 김미화 시인이 즐겨 쓰는 양극화는 어쩌면 그가 출발시킨 시의 레토릭이 양극화에서 비롯됐음을 말해주는 것이 되고, 동시에 이는 시인이 형이상시의 시법에서 자신의 시를 출발시켰음을 말해준다고도 할 수 있다.

2-2 지적조작의 시편들

　지적조작은 위트의 산물이다. 순간적 포착과 순간에서 순간으로 이동하는 순발력, 이동과 전환의 재빠름이 안겨다 주는 섬광과 같은 시적 광채들은 지적조작이 가져다준 시적 효용치들이다. 그 때문에 의도적 제작성이나 기도적 제작술에 의탁되기 십상이다.
　전혀 이질적 관념을 당돌하게 연결시켜 모순과 해결에 의한 순간적 전환이 맛보게 하는 골계미가 그러하고, 상반의 균형으로 대립되는 모순을 질서화하는 아이러니도 지적조작의 산물이다. 특히 현대시에서 잘 길들여진 관념이나 통념을 제로화하여 그 속에서 새로운 관념을 탄생시키는 시적 기발성도 지적조작에서 비롯된 시법의 하나다.

　시적 대상을 사리나 이치에 의탁하지 않고 의도적·기도적 제작술에 의탁, 기획화하는 현대적 기획으로서의 제작술도 지적조작의 하나다. 김미화 시인의 시에서 발견되는 순발력과 순간 포착에 의한 재빠른 전환을 이끌어내어 재조립시키거나 재구성시키는 제작술도 이런 맥락에 잇대어 있다고 보아져 시를 제시, 구체화해 본다.

　　가) 봄비가 젖무덤 풀어
　　　　칭얼대는 봄을 끌어안을 때

　　　　검은등뻐꾸기는
　　　　붉은머리오목눈이 둥지에 알 낳고
　　　　제 새끼 키우지 못하는 천형에
　　　　산이며 들 떠돌며
　　　　피 토하는 설움

　　　　뻐꾹 뻐꾹 뻐뻐꾹
　　　　토하는 울음마다
　　　　피 묻은 꽃잎으로 피어나는 두견화

나) 거나하게 낮술을 한 잔 걸쳤는지
　　붉어진 하늘이
　　깔딱고갤 넘어가기 싫은지 걸터앉았다

다) 초록이던 잎이 빨개진 건
　　이유가 있다네요
　　그새
　　아기를 품었다네요
　　부끄러워 얼굴 붉혔다네요

　　여름내 햇볕과 연애하다
　　그리되었다네요

　　초록이던 엄마 잎이
　　노래진 건
　　자식 키우는 고단함을 알기에
　　그리되었다네요

　　단풍잎 모녀 입씨름에
　　화난 가을 산이
　　울그락 붉으락 한다네요

예시 가)는「두견화」전문이고, 나)는「석양」, 그리고 다)는「단풍잎」의 각각 전문이다. 예시들에서 공통점을 발견한다면 일종의 의도적 지적조작에 의해 시적 대상이 재구성되고 있다는 점이다. 보기에 따라서는 변용도 되고 변형도 되는 이러한 조작적 구성은 대상의 본질적 면에서 보면 모순이다. 사리에 맞지도, 이치에 통하지도 않는 엉뚱한 진술이다. 그러면서도 사실보다, 사실로써는 진술할 수 없는 모순의 진술이 더 감동으로 작용하는 것은 지적조작이 체험하게 하는 새로움 때문이다.

　예시 가)에는 두견화 곧 진달래를 형상화해 주고 있다. 진달래꽃은 한국 산에 지천으로 피어 있는 친숙성의 사물이다. 흰꽃도 있지만 대부분의 두견화는 붉은 꽃잎이다. 바로 이 붉은 꽃잎을 진달래꽃이기 때문에 붉다라는 통념을 깨뜨리고 붉게 된 이유를 엉뚱한 뻐꾸기가 '붉은머리오목눈이 둥지에 알을 낳고/제 새끼 키우지 못한 천형에/산이며 들 떠돌며/피 토하는 설움'으로 토해내는 피를 꽃잎으로 하고 태어났기 때문으로 사실과는 전혀 다른 엉뚱한 진술을 하고 있다.

　바로 이 엉뚱한 진술이, 사실보다 새롭다는데 문제가 있다. 시는 사실의 기록이 아니다. 사실로는 드러낼 수 없는 새로운 사실의 진술이다. 시가 창조가 되는 것은 새로움으로 태어나게 하는 기존・기성의 것과 구별되기 때문이다.

예시에서 진달래 꽃잎이 붉은 소이는 본디 붉은 색소를 바탕으로 창조되었기 때문이다. 이 엄연한 진실을 시인은 천형의 설움을 토해내는 피로 꽃잎 했기 때문이라고 엉뚱한 수작을 한다. 이 엉뚱한 수작이 다름 아닌 창조에 값하게 되고 진실이 아니면서도 진실의 등가물이 되는 허위의 진술이 체험하게 하는 새로운 사실을 성립시켜 창조에 값하게 된다. 이것이 지적조작이고 이렇게 해서 지적조작으로서의 시법이 성립되게 된다.

예시 나)도 같은 맥락성에 잇대이게 된다. 석양은 일몰・황혼・낙조와 함께 일종의 사양의식이 환기시키는 노을녘이다. 그 때문에 하루를 거두고 돌아가는 해는 붉은 노을을 드리우기 마련이다. 이 자연 현상을 시인은 엉뚱하게도 '거나하게 낮술 한잔을 걸쳐' 불그레해진 것으로 진술하고 있다. 그리고 서산마루에 걸쳐 있는 낙조를 '깔딱고갤 넘어가기가 싫은지 걸터앉아 있다'고 엉뚱한 수작을 부리고 있다. 이 점에서 자연 현상으로서의 노을이 아닌 해가 낮술 한잔에 취해 벌게진 얼굴로 깔딱고개에 앉아 쉬고 있는 것으로 둔갑시켜버린다. 지적조작이다. 의도적으로 사실을 왜곡시켜 허위로써 진실에 값하게 하고 있는데 지적조작의 시법이 이러하다.

예시 다)는 단풍잎을 형상화해 주고 있는데 단풍잎이 붉은 이유를 가을 탓이 아니라 엉뚱하게도 '그새/아기를 품었다네요' 그래서 '부끄러워 얼굴을 붉혔다'고 엉뚱한 수작으로 단풍이 붉은 이유를 꾸며 들이대고 있다. 그리고는 잉태의 이유인즉 '여름내 햇볕과 연애하다/그리 됐다'고 수작한다. 그랬다가 울긋불긋 단풍으로 붉게 물든 가을 산을 '단풍잎 모녀 입씨름에/화난 가을 산이/울그락 붉으락 한 대요'라고 수작에 수작을 거듭함으로써 사실에서는 체험할 수 없는 새로운 감동을 체험하게 해주고 있는데 지적조작이 안겨주는 시적 효용 때문이다. 끝으로 제시할 수 있는 것이 형이상시법을 대표하는 컨시트다.

2-3 컨시트 시편들

컨시트는 기발한 착상으로 읽히는 발상의 기발성·신기성을 의미한다. 그 때문에 오묘하고 신선하고 당돌해 새로운 감동을 체험할 수 있게 하는 시적 기능이자 효용이라고 할 수 있다. 형이상시인들이 전매특허품으로 즐겨 썼던 컨시트는 엄격한 의미에서 형이상시법이라기보다 형이상시 자체로 규정해도 무리는 없을 것으로 본다. 형이상시에서 컨시트를 빼버리면 형이상시가 성립될 수 없기 때문이고,

이는 형이상시가 컨시트의 미학이란 걸 말해주기 때문이다.
 김미화 시인의 시에서 발견되는 컨시트도 기발·신기성 차원에까지는 못 미칠지 모르지만 발상의 당돌함과 엉뚱함이 신기한 기상으로 여겨진 점에서 컨시트에 값한다고 할 수 있다.
 몇 편의 시를 예시했을 때 이해를 도울 것으로 보고 제시해 본다.

> 가) 장은 독에서 익고
> 정은 가슴에서 익고
>
> 장은 햇볕으로 익고
> 정은 세월로 익고
>
> 장은 묵으면 맛이라도 있지
> 정이 묵으면 질긴 밧줄이 되어
> 줄다리기는 꿈도 못 꾸고
> 끌려가고 말지
>
> 호환마마보다 더 무서운 정 때문에
> 가슴에 눈물의 공동묘지가 생겼지

나) 큰 그릇이든
　　작은 그릇이든
　　물을 담으면 물잔
　　술을 담으면 술잔

　　누구나 가지고 있는 몸뚱어리
　　좋은 일에 쓰면 봉사
　　나쁜 일에 쓰면 범죄

　　선과 악이 등대고 사는 몸
　　마음에 기둥 세우고 큰 그릇으로 살고 싶다

다) 발끝만 디밀 뿐
　　올라오지 않는 바닷물

　　바람도 왔다
　　무심히 가버리고

　　아무도 없는 섬
　　각질처럼 외로움이
　　켜켜이 쌓인 섬

예시 가)는 「정과 장」, 나)는 「그릇」, 다)는 「외로운 섬」의 각각 전문이다. 예시가 보여주듯이 엉뚱하고도 당돌한 발상들이 컨시트에 값하고 있다. 예시 가)는 간을 맞추는 '장'과 정을 발상으로 '장은 독에서 익고', '정은 가슴에서 익는'다고 진술한다. 그러면서 '장은 햇볕으로 익고/정은 세월로 익는다'고 되풀이함으로써 강조의 효과를 노리고 있다. 이러한 '장'과 '정'이 3연에 오면 180도 둔갑을 한다. 독과 가슴, 햇볕과 세월로 숙성되던 장과 정이, '장은 익으면 맛이라도 있지'로 맛으로 이동되고, '정이 묵으면 질긴 밧줄이 되어/줄다리기 밧줄은/꿈도 못 꾸고/끌려가고 말지'로 엉뚱한 발상으로 이동된다. 그리고는 종연에서 말해주듯이 '호환마마보다 더 무서운 정', '가슴에 눈물의 공동묘지가 생겼지'로 전환되면서 발상이 본디의 장과 정과는 딴판인 '눈물의 공동묘지'로 둔갑한다. 발상이 기발하기보다 엉뚱하면서도 당돌한 설득력으로 작용한다는 점에서 컨시트와 등가성을 지닌다고 할 수 있다.

　예시 나) 그릇을 인간됨에 견주어 풀이하고 있는데 발상이 신선하다. 큰 그릇이든 작은 그릇이든 '물을 담으면 물잔', '술을 담으면 술잔'이 되듯, 누구나 가지고 있는 몸뚱어리는 '좋은 일에 쓰면 봉사', '나쁜 일에 쓰면 범죄'라는 엉뚱한 발상으로 이동된다. 이러한 재빠른 이동과 전환의 순발력은 위트의 시적 기능이자 역할로서 지적조작이 가져다 준 컨시트라고 할 수 있다.

끝으로 예시 다)도 예외가 아니다. 절해고도의 무인도를 파도도 '발끝만 디밀 뿐/올라오지 않는 바닷물'로 상륙을 기피하게 함으로써 고도의 외로움을 더 부각시켰다가 '바람도 왔다가/무심히 가버리게' 함으로써 고도의 외로움을 점층적으로 고조시킨다. 그리고는 '아무도 없는/각질처럼 외로움이/켜켜이 쌓인 섬'으로 완전 고립시켜 버린다. 고도의 외로움을 강조하기 위해 바닷물도 상륙을 기피하게 하고, 바람도 왔다가 되돌아가게 하고 절해고도로 만들었다가 종래에는 아무도 없는 각질처럼 외로움만 켜켜이 쌓이는 섬으로 절해고도로 둔갑시켜 버리고 있는데 잘 계산된 컨시트의 활용이 돋보인다고 할 수 있다.

3. 결어

이상의 조명들은 김미화 시인의 두 번째 시집 『어머니의 강』을 형이상시법을 빌어 풀어본 것이다. 시인은 형이상시법을 이해하고 있다고 보여지고 스스로의 시에 이를 실천함으로써 시적 위상을 제고해 주고 있는데 이번 시집으로 거둔 성과로 이를 제시할 수 있다고 본다.

어머니의 강

2020년 12월 15일 인쇄
2020년 12월 25일 발행

지은이 / 김미화
발행인 / 박진환
펴낸곳 / 조선문학사
등록번호 / 1-2733
주소 / 03730 서울 서대문구 통일로 389(홍제동)
대표전화 / 02-730-2255
팩스 / 02-723-9373
E-mail / chosunmh2@daum.net

ISBN 979-11-6354-055-7

정가 10,000원

* 인지는 저자와 합의 하에 생략
* 잘못된 책은 서점에서 교환해 드립니다.